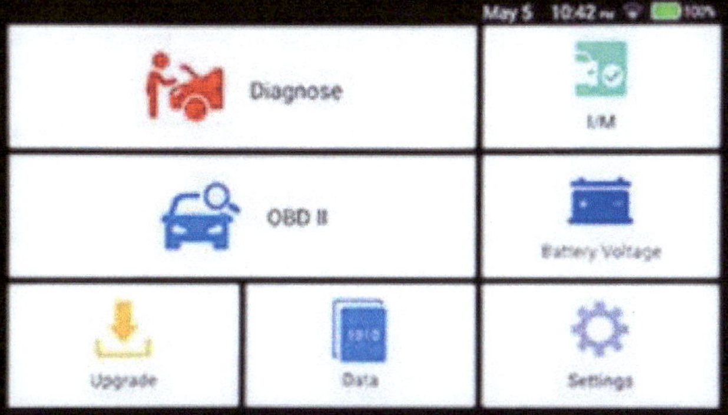

Diagnose

I/M

OBD II

Battery Voltage

Upgrade

Data

Settings

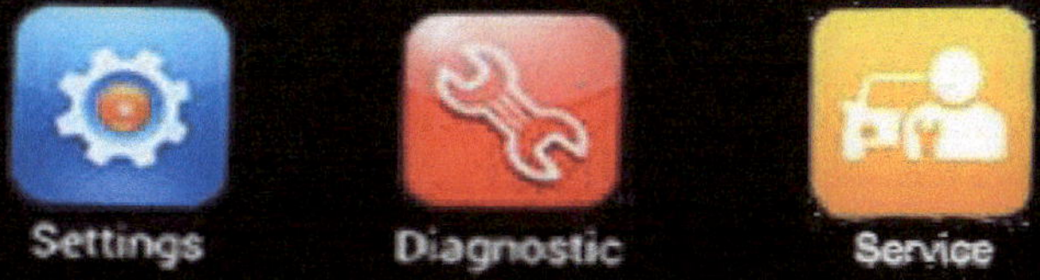

May 5   10:42 PM   100%

Settings

Diagnostic

Service

Sueltz Books
INTERNATIONAL

KFZ SERVICE

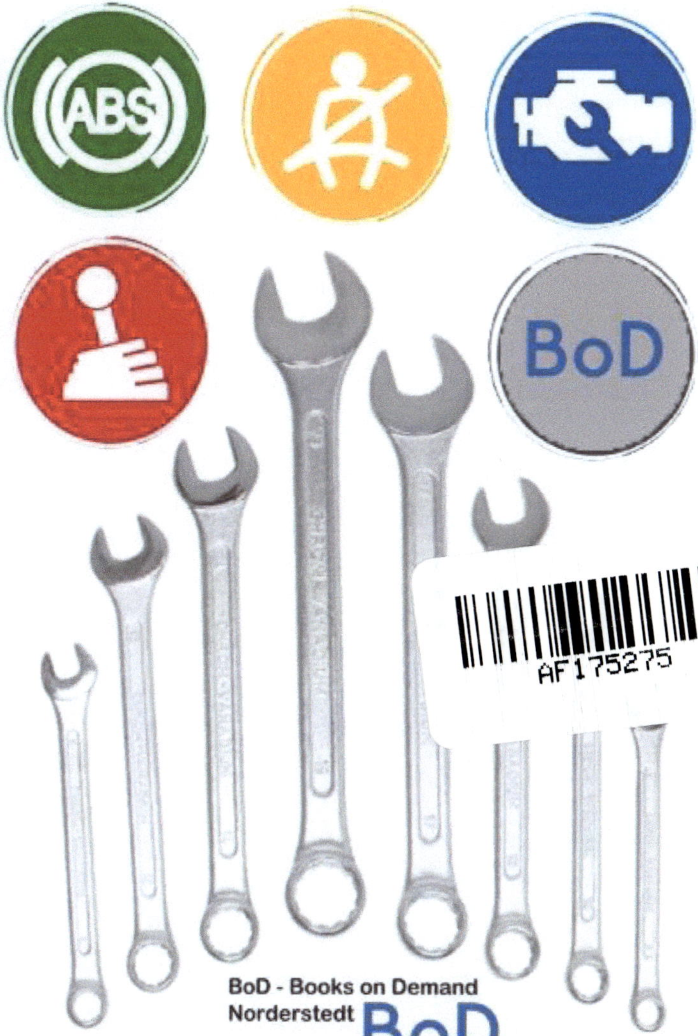

ABS

BoD

BoD - Books on Demand
Norderstedt   BoD

Bibliografische Information durch die Deutsche Nationalbibliothek
Die Deutsche Nationalbibliothek verzeichnet diese Publikation in der
Deutschen Nationalbibliografie; detaillierte bibliografische Daten
sind im Internet über http://dnb.dnb.de abrufbar.

Besitzer des Fahrzeugs:

_____

_____

Besitzer des Fahrzeugs:

_____

_____

Besitzer des Fahrzeugs:

_____

_____

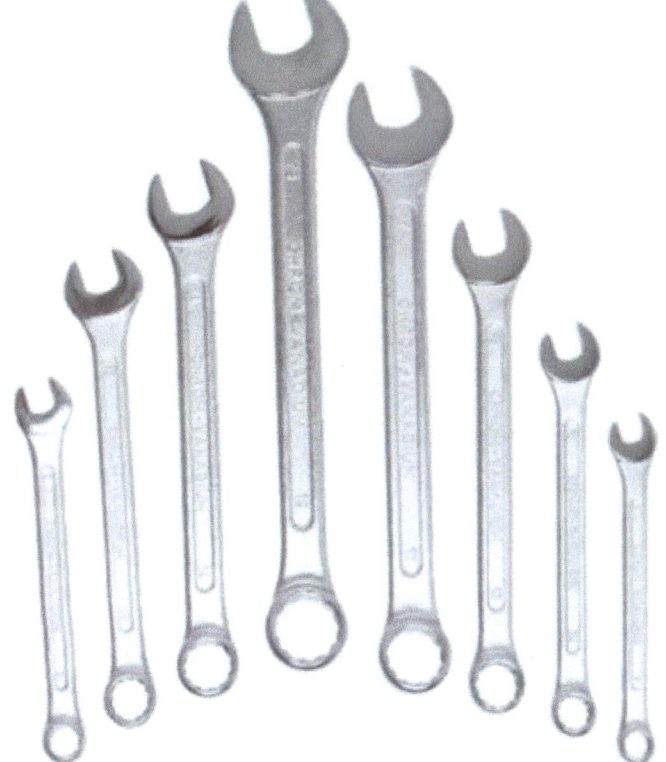

Fahrzeugdaten

Marke _____

Typ/Modell _____

Fahrzeug-Identifizierungsnummer _____

Erstzulassung _____

Lackierung _____

Kennzeichen

D	
D	D
D	D
D	D

Regelmäßige Kontrollen

Reifen-Luftdruck in bar:

VL:　　　**VR:**　　　**HR:**　　　**HL:**　　　**Reserverad:**

Reifen auf Beschädigung prüfen: Sichtprüfung i.O. ☐　　**Fühlprüfung i.O.** ☐

Kraftstoffverbrauch: getankte Liter x 100 : gefahrene Kilometer = Verbrauch
Beispiel: 35 Liter x 100 : 600 km = 5,83 Liter auf 100 km
　　　___ **Liter x 100 :** ___ **km =** ___ **Liter auf 100 km**

Hupe i.O. ☐　　**Lichthupe i.O.** ☐　　**Warnblinker i.O.** ☐
Blinker i.O. ☐　　**Konntrollleuchten i.O.** ☐　　**Innenbeleuchtung i.O.** ☐
Frontbeleuchtung: Standlicht i.O. ☐　　**Abblendlicht i.O.** ☐
　　　　　　Fernlicht i.O. ☐　　**Nebelscheinwerfer i.O.** ☐
　　　　　　Tagfahrlicht i.O. ☐

Scheibenwischer vorne i.O. ☐　　**hinten i.O.** ☐
Scheibenwaschanlage vorne i.O. ☐　　**hinten i.O.** ☐

Steinschlagprüfung i.O. ☐　**nicht i.O.** ☐　**wo?**

Regelmäßige Kontrollen

Reifen-Luftdruck in bar:

VL: **VR:**   **HR:**   **HL:**   **Reserverad:**

Reifen auf Beschädigung prüfen: Sichtprüfung i.O. ☐   **Fühlprüfung i.O.** ☐

Kraftstoffverbrauch: getankte Liter x 100 : gefahrene Kilometer = Verbrauch

Beispiel: 35 Liter x 100 : 600 km = 5,83 Liter auf 100 km

___ **Liter x 100 :** ___ **km =** ___ **Liter auf 100 km**

Hupe i.O. ☐   **Lichthupe i.O.** ☐   **Warnblinker i.O.** ☐

Blinker i.O. ☐   **Konntrollleuchten i.O.** ☐   **Innenbeleuchtung i.O.** ☐

Frontbeleuchtung: Standlicht i.O. ☐   **Abblendlicht i.O.** ☐

Fernlicht i.O. ☐   **Nebelscheinwerfer i.O.** ☐

Tagfahrlicht i.O. ☐

Scheibenwischer vorne i.O. ☐   **hinten i.O.** ☐

Scheibenwaschanlage vorne i.O. ☐   **hinten i.O.** ☐

Steinschlagprüfung i.O. ☐   **nicht i.O.** ☐   **wo?**

Zusatzarbeiten _____

_____ Luftdruck ___ | ___

_____

_____

☐ Smart Repair ☐ Klima-Service ☐ Update für Navigation ☐ Lichtkontrolle oder Wechsel ☐ Reifenservice Wuchten oder Spurvermessung

Karosserieinstandsetzung ☐ **mit Teilen** ☐ **ohne Teile**

Steinschläge/Dellen
Wo? _____

_____

_____

_____

_____

_____

☐ Zahn-Riemen **!** ☐ Keilriemen **!** ☐ Außenreinigung Politur ☐ Unterboden-Kontrolle ☐ Innenreinigung

Datum _____ Kilometerstand _____ ☐ **Reparatur**

SERVICEBERICHT
☐ **Inspektion**
☐ **Wartung**

☐ **Serviceumfang** ☐ **klein** ☐ **groß** ☐ **Zusatzarbeiten**
siehe oben

☐ **Motorenölwechsel Marke/Viskosität** _____

☐ **Ölfilterwechsel Marke** _____

☐ **Motorenölkontrolle** ☐ **i.O.** ☐ **nachgefüllt** _____

☐ **Getriebeöl** ☐ **i.O.** ☐ **gewechselt** _____

☐ **Zündkerzen** ☐ **Kontrolle i.O.** ☐ **ersetzt** _____

☐ **Glühkerzen** ☐ **Kontrolle i.O.** ☐ **ersetzt** _____

☐ **Bremsen** ☐ **Kontrolle i.O.** ☐ **instand gesetzt** ☐ **erneuert** _____

☐ **Bremsflüssigkeit** ☐ **Kontrolle i.O.** ☐ **ersetzt** _____

☐ **Kühlflüssigkeit** ☐ **Kontrolle i.O.** ☐ **ersetzt** _____

☐ **Sonstiges** _____

Nächster Service am _____
oder bei km _____

Unterschrift _____

Stempel

Zusatzarbeiten _____

_____ Luftdruck ___ ___

_____

_____

☐ Smart Repair   ☐ Klima-Service   ☐ Update für Navigation   ☐ Lichtkontrolle oder Wechsel   ☐ Reifenservice Wuchten oder Spurvermessung

Karosserieinstandsetzung   ☐ **mit Teilen**   ☐ **ohne Teile**

Steinschläge/Dellen Wo? _____

_____

_____

_____

_____

_____

☐ Zahn-Riemen **!**   ☐ Keilriemen **!**   ☐ Außenreinigung Politur   ☐ Unterboden-Kontrolle   ☐ Innenreinigung

Datum _____ Kilometerstand _____ ☐ **Reparatur**

SERVICEBERICHT
☐ **Inspektion**
☐ **Wartung**

☐ **Serviceumfang** ☐ **klein** ☐ **groß** ☐ **Zusatzarbeiten**
siehe oben

☐ **Motorenölwechsel Marke/Viskosität** _____

☐ **Ölfilterwechsel Marke** _____

☐ **Motorenölkontrolle** ☐ **i.O.** ☐ **nachgefüllt** _____

☐ **Getriebeöl** ☐ **i.O.** ☐ **gewechselt** _____

☐ **Zündkerzen** ☐ **Kontrolle i.O.** ☐ **ersetzt** _____

☐ **Glühkerzen** ☐ **Kontrolle i.O.** ☐ **ersetzt** _____

☐ **Bremsen** ☐ **Kontrolle i.O.** ☐ **instand gesetzt** ☐ **erneuert** _____

☐ **Bremsflüssigkeit** ☐ **Kontrolle i.O.** ☐ **ersetzt** _____

☐ **Kühlflüssigkeit** ☐ **Kontrolle i.O.** ☐ **ersetzt** _____

☐ **Sonstiges** _____

Nächster Service am _____

oder bei km _____

Unterschrift _____

Stempel

Zusatzarbeiten _____

_____ Luftdruck ____ ____

_____ ____ ____

_____

☐ Smart Repair   ☐ Klima-Service   ☐ Update für Navigation   ☐ Lichtkontrolle oder Wechsel   ☐ Reifenservice Wuchten oder Spurvermessung

Karosserieinstandsetzung   ☐ **mit Teilen**   ☐ **ohne Teile**

Steinschläge/Dellen Wo?   _____

_____

_____

_____

_____

_____

☐ Zahn-Riemen **!**   ☐ Keilriemen **!**   ☐ Außenreinigung Politur   ☐ Unterboden-Kontrolle   ☐ Innenreinigung

Datum _____ Kilometerstand _____ ☐ **Reparatur**

SERVICEBERICHT
☐ **Inspektion**
☐ **Wartung**

☐ **Serviceumfang** ☐ **klein** ☐ **groß** ☐ **Zusatzarbeiten** siehe oben

☐ **Motorenölwechsel Marke/Viskosität** _____

☐ **Ölfilterwechsel Marke** _____

☐ **Motorenölkontrolle** ☐ **i.O.** ☐ **nachgefüllt** _____

☐ **Getriebeöl** ☐ **i.O.** ☐ **gewechselt** _____

☐ **Zündkerzen** ☐ **Kontrolle i.O.** ☐ **ersetzt** _____

☐ **Glühkerzen** ☐ **Kontrolle i.O.** ☐ **ersetzt** _____

☐ **Bremsen** ☐ **Kontrolle i.O.** ☐ **instand gesetzt** ☐ **erneuert** _____

☐ **Bremsflüssigkeit** ☐ **Kontrolle i.O.** ☐ **ersetzt** _____

☐ **Kühlflüssigkeit** ☐ **Kontrolle i.O.** ☐ **ersetzt** _____

☐ **Sonstiges** _____

Nächster Service am _____
oder bei km _____

Stempel

Unterschrift _____

Zusatzarbeiten _____

_____

_____ Luftdruck _____ _____

_____ _____ _____

☐ Smart Repair ☐ Klima-Service ☐ Update für Navigation ☐ Lichtkontrolle oder Wechsel ☐ Reifenservice Wuchten oder Spurvermessung

Karosserieinstandsetzung ☐ **mit Teilen** ☐ **ohne Teile**

Steinschläge/Dellen Wo? _____

_____

_____

_____

_____

☐ Zahn-Riemen **!** ☐ Keilriemen **!** ☐ Außenreinigung Politur ☐ Unterboden-Kontrolle ☐ Innenreinigung

Datum _____ **Kilometerstand** _____ ☐ **Reparatur**
☐ **Inspektion**

SERVICEBERICHT

☐ **Serviceumfang** ☐ **klein** ☐ **groß** ☐ **Zusatzarbeiten** ☐ **Wartung**
siehe oben

☐ **Motorenölwechsel Marke/Viskosität** _____

☐ **Ölfilterwechsel Marke** _____

☐ **Motorenölkontrolle** ☐ **i.O.** ☐ **nachgefüllt** _____

☐ **Getriebeöl** ☐ **i.O.** ☐ **gewechselt** _____

☐ **Zündkerzen** ☐ **Kontrolle i.O.** ☐ **ersetzt** _____

☐ **Glühkerzen** ☐ **Kontrolle i.O.** ☐ **ersetzt** _____

☐ **Bremsen** ☐ **Kontrolle i.O.** ☐ **instand gesetzt** ☐ **erneuert** _____

☐ **Bremsflüssigkeit** ☐ **Kontrolle i.O.** ☐ **ersetzt** _____

☐ **Kühlflüssigkeit** ☐ **Kontrolle i.O.** ☐ **ersetzt** _____

☐ **Sonstiges** _____

Nächster Service am _____

oder bei km _____

Stempel

Unterschrift _____

Zusatzarbeiten _____

_____ Luftdruck ___ ___

_____

_____

□ Smart Repair   □ Klima-Service   □ Update für Navigation   □ Lichtkontrolle oder Wechsel   □ Reifenservice Wuchten oder Spurvermessung

Karosserieinstandsetzung   □ **mit Teilen**   □ **ohne Teile**

Steinschläge/Dellen Wo? _____

_____

_____

_____

_____

□ Zahn-Riemen **!**   □ Keilriemen **!**   □ Außenreinigung Politur   □ Unterboden-Kontrolle   □ Innenreinigung

Datum _____ Kilometerstand _____ ☐ **Reparatur**

SERVICEBERICHT
☐ **Inspektion**
☐ **Wartung**

☐ **Serviceumfang** ☐ **klein** ☐ **groß** ☐ **Zusatzarbeiten**
siehe oben

☐ **Motorenölwechsel Marke/Viskosität** _____

☐ **Ölfilterwechsel Marke** _____

☐ **Motorenölkontrolle** ☐ **i.O.** ☐ **nachgefüllt** _____

☐ **Getriebeöl** ☐ **i.O.** ☐ **gewechselt** _____

☐ **Zündkerzen** ☐ **Kontrolle i.O.** ☐ **ersetzt** _____

☐ **Glühkerzen** ☐ **Kontrolle i.O.** ☐ **ersetzt** _____

☐ **Bremsen** ☐ **Kontrolle i.O.** ☐ **instand gesetzt** ☐ **erneuert** _____

☐ **Bremsflüssigkeit** ☐ **Kontrolle i.O.** ☐ **ersetzt** _____

☐ **Kühlflüssigkeit** ☐ **Kontrolle i.O.** ☐ **ersetzt** _____

☐ **Sonstiges** _____

Nächster Service am _____
       oder bei km _____

Stempel

Unterschrift _____

Zusatzarbeiten _____

_____

_____

_____

Luftdruck _____ _____

_____ _____

☐ Smart Repair   ☐ Klima-Service   ☐ Update für Navigation   ☐ Lichtkontrolle oder Wechsel   ☐ Reifenservice Wuchten oder Spurvermessung

Karosserieinstandsetzung   ☐ **mit Teilen**   ☐ **ohne Teile**

Steinschläge/Dellen Wo?

_____

_____

_____

_____

_____

_____

☐ Zahn-Riemen **!**   ☐ Keilriemen **!**   ☐ Außenreinigung Politur   ☐ Unterboden-Kontrolle   ☐ Innenreinigung

Datum _____ Kilometerstand _____ ☐ **Reparatur**

SERVICEBERICHT
☐ **Inspektion**
☐ **Wartung**

☐ **Serviceumfang** ☐ **klein** ☐ **groß** ☐ **Zusatzarbeiten**
siehe oben

☐ **Motorenölwechsel Marke/Viskosität** _____

☐ **Ölfilterwechsel Marke** _____

☐ **Motorenölkontrolle** ☐ **i.O.** ☐ **nachgefüllt** _____

☐ **Getriebeöl** ☐ **i.O.** ☐ **gewechselt** _____

☐ **Zündkerzen** ☐ **Kontrolle i.O.** ☐ **ersetzt** _____

☐ **Glühkerzen** ☐ **Kontrolle i.O.** ☐ **ersetzt** _____

☐ **Bremsen** ☐ **Kontrolle i.O.** ☐ **instand gesetzt** ☐ **erneuert** _____

☐ **Bremsflüssigkeit** ☐ **Kontrolle i.O.** ☐ **ersetzt** _____

☐ **Kühlflüssigkeit** ☐ **Kontrolle i.O.** ☐ **ersetzt** _____

☐ **Sonstiges** _____

Nächster Service am _____

      oder bei km _____

Stempel

Unterschrift _____

Zusatzarbeiten _____

_____ Luftdruck ____ ____

_____ ____ ____

_____

☐ Smart Repair ☐ Klima-Service ☐ Update für Navigation ☐ Lichtkontrolle oder Wechsel ☐ Reifenservice Wuchten oder Spurvermessung

Karosserieinstandsetzung ☐ **mit Teilen** ☐ **ohne Teile**

Steinschläge/Dellen Wo? _____

_____

_____

_____

_____

☐ Zahn-Riemen **!** ☐ Keilriemen **!** ☐ Außenreinigung Politur ☐ Unterboden-Kontrolle ☐ Innenreinigung

Datum _____ Kilometerstand _____ ☐ **Reparatur**
SERVICEBERICHT ☐ **Inspektion**
☐ **Serviceumfang** ☐ **klein** ☐ **groß** ☐ **Zusatzarbeiten** ☐ **Wartung**
siehe oben

☐ **Motorenölwechsel Marke/Viskosität** _____

☐ **Ölfilterwechsel Marke** _____

☐ **Motorenölkontrolle** ☐ **i.O.** ☐ **nachgefüllt** _____

☐ **Getriebeöl** ☐ **i.O.** ☐ **gewechselt** _____

☐ **Zündkerzen** ☐ **Kontrolle i.O.** ☐ **ersetzt** _____

☐ **Glühkerzen** ☐ **Kontrolle i.O.** ☐ **ersetzt** _____

☐ **Bremsen** ☐ **Kontrolle i.O.** ☐ **instand gesetzt** ☐ **erneuert** _____

☐ **Bremsflüssigkeit** ☐ **Kontrolle i.O.** ☐ **ersetzt** _____

☐ **Kühlflüssigkeit** ☐ **Kontrolle i.O.** ☐ **ersetzt** _____

☐ **Sonstiges** _____

Nächster Service am _____
oder bei km _____

Stempel

Unterschrift _____

Zusatzarbeiten _____

_____ Luftdruck ___ ___

_____

_____ ___ ___

☐ Smart Repair   ☐ Klima-Service   ☐ Update für Navigation   ☐ Lichtkontrolle oder Wechsel   ☐ Reifenservice Wuchten oder Spurvermessung

Karosserieinstandsetzung   ☐ **mit Teilen**   ☐ **ohne Teile**

Steinschläge/Dellen
Wo?   _____

_____

_____

_____

_____

☐ Zahn-Riemen **!**   ☐ Keilriemen **!**   ☐ Außenreinigung Politur   ☐ Unterboden-Kontrolle   ☐ Innenreinigung

Datum _____ Kilometerstand _____ ☐ **Reparatur**

SERVICEBERICHT
☐ **Inspektion**
☐ **Wartung**

☐ **Serviceumfang** ☐ **klein** ☐ **groß** ☐ **Zusatzarbeiten**
siehe oben

☐ **Motorenölwechsel Marke/Viskosität** _____

☐ **Ölfilterwechsel Marke** _____

☐ **Motorenölkontrolle** ☐ **i.O.** ☐ **nachgefüllt** _____

☐ **Getriebeöl** ☐ **i.O.** ☐ **gewechselt** _____

☐ **Zündkerzen** ☐ **Kontrolle i.O.** ☐ **ersetzt** _____

☐ **Glühkerzen** ☐ **Kontrolle i.O.** ☐ **ersetzt** _____

☐ **Bremsen** ☐ **Kontrolle i.O.** ☐ **instand gesetzt** ☐ **erneuert** _____

☐ **Bremsflüssigkeit** ☐ **Kontrolle i.O.** ☐ **ersetzt** _____

☐ **Kühlflüssigkeit** ☐ **Kontrolle i.O.** ☐ **ersetzt** _____

☐ **Sonstiges** _____

Nächster Service am _____

oder bei km _____

Unterschrift _____

Stempel

Zusatzarbeiten _____ Luftdruck ___ ___

_____

_____

☐ Smart Repair   ☐ Klima-Service   ☐ Update für Navigation   ☐ Lichtkontrolle oder Wechsel   ☐ Reifenservice Wuchten oder Spurvermessung

Karosserieinstandsetzung ☐ **mit Teilen** ☐ **ohne Teile**

Steinschläge/Dellen Wo? _____

_____

_____

_____

_____

☐ Zahn-Riemen !   ☐ Keilriemen !   ☐ Außenreinigung Politur   ☐ Unterboden-Kontrolle   ☐ Innenreinigung

Datum _____ Kilometerstand _____ ☐ **Reparatur**

SERVICEBERICHT
☐ **Inspektion**
☐ **Wartung**

☐ **Serviceumfang** ☐ **klein** ☐ **groß** ☐ **Zusatzarbeiten** siehe oben

☐ **Motorenölwechsel Marke/Viskosität** _____

☐ **Ölfilterwechsel Marke** _____

☐ **Motorenölkontrolle** ☐ **i.O.** ☐ **nachgefüllt** _____

☐ **Getriebeöl** ☐ **i.O.** ☐ **gewechselt** _____

☐ **Zündkerzen** ☐ **Kontrolle i.O.** ☐ **ersetzt** _____

☐ **Glühkerzen** ☐ **Kontrolle i.O.** ☐ **ersetzt** _____

☐ **Bremsen** ☐ **Kontrolle i.O.** ☐ **instand gesetzt** ☐ **erneuert** _____

☐ **Bremsflüssigkeit** ☐ **Kontrolle i.O.** ☐ **ersetzt** _____

☐ **Kühlflüssigkeit** ☐ **Kontrolle i.O.** ☐ **ersetzt** _____

☐ **Sonstiges** _____

Nächster Service am _____

oder bei km _____

Unterschrift _____

Stempel

Zusatzarbeiten _____

_____   Luftdruck _____ _____

_____   _____ _____

_____

☐ Smart Repair   ☐ Klima-Service   ☐ Update für Navigation   ☐ Lichtkontrolle oder Wechsel   ☐ Reifenservice Wuchten oder Spurvermessung

Karosserieinstandsetzung   ☐ **mit Teilen**   ☐ **ohne Teile**

Steinschläge/Dellen
Wo?   _____

_____

_____

_____

_____

☐ Zahn-Riemen **!**   ☐ Keilriemen **!**   ☐ Außenreinigung Politur   ☐ Unterboden-Kontrolle   ☐ Innenreinigung

Datum _____ Kilometerstand _____ ☐ **Reparatur**
☐ **Inspektion**
SERVICEBERICHT
☐ **Wartung**

☐ **Serviceumfang** ☐ **klein** ☐ **groß** ☐ **Zusatzarbeiten**
siehe oben

☐ **Motorenölwechsel Marke/Viskosität** _____

☐ **Ölfilterwechsel Marke** _____

☐ **Motorenölkontrolle** ☐ **i.O.** ☐ **nachgefüllt** _____

☐ **Getriebeöl** ☐ **i.O.** ☐ **gewechselt** _____

☐ **Zündkerzen** ☐ **Kontrolle i.O.** ☐ **ersetzt** _____

☐ **Glühkerzen** ☐ **Kontrolle i.O.** ☐ **ersetzt** _____

☐ **Bremsen** ☐ **Kontrolle i.O.** ☐ **instand gesetzt** ☐ **erneuert** _____

☐ **Bremsflüssigkeit** ☐ **Kontrolle i.O.** ☐ **ersetzt** _____

☐ **Kühlflüssigkeit** ☐ **Kontrolle i.O.** ☐ **ersetzt** _____

☐ **Sonstiges** _____

Nächster Service am _____
oder bei km _____

Stempel

Unterschrift _____

Zusatzarbeiten _____

Luftdruck ____ ____

_____

_____

____ ____

_____

☐ Smart Repair   ☐ Klima-Service   ☐ Update für Navigation   ☐ Lichtkontrolle oder Wechsel   ☐ Reifenservice Wuchten oder Spurvermessung

Karosserieinstandsetzung   ☐ **mit Teilen**   ☐ **ohne Teile**

Steinschläge/Dellen Wo?

_____

_____

_____

_____

_____

☐ Zahn-Riemen **!**   ☐ Keilriemen **!**   ☐ Außenreinigung Politur   ☐ Unterboden-Kontrolle   ☐ Innenreinigung

Datum _____ **Kilometerstand** _____   ☐ **Reparatur**

SERVICEBERICHT
☐ **Inspektion**
☐ **Wartung**

☐ Serviceumfang ☐ klein ☐ groß ☐ Zusatzarbeiten
siehe oben

☐ Motorenölwechsel Marke/Viskosität _____

☐ Ölfilterwechsel Marke _____

☐ Motorenölkontrolle ☐ i.O. ☐ nachgefüllt _____

☐ Getriebeöl ☐ i.O. ☐ gewechselt _____

☐ Zündkerzen ☐ Kontrolle i.O. ☐ ersetzt _____

☐ Glühkerzen ☐ Kontrolle i.O. ☐ ersetzt _____

☐ Bremsen ☐ Kontrolle i.O. ☐ instand gesetzt ☐ erneuert _____

☐ Bremsflüssigkeit ☐ Kontrolle i.O. ☐ ersetzt _____

☐ Kühlflüssigkeit ☐ Kontrolle i.O. ☐ ersetzt _____

☐ Sonstiges _____

Nächster Service am _____

oder bei km _____

Unterschrift _____

Stempel

Zusatzarbeiten _____ Luftdruck ___ ___

_____

_____

_____

☐ Smart Repair   ☐ Klima-Service   ☐ Update für Navigation   ☐ Lichtkontrolle oder Wechsel   ☐ Reifenservice Wuchten oder Spurvermessung

Karosserieinstandsetzung   ☐ **mit Teilen**   ☐ **ohne Teile**

Steinschläge/Dellen Wo? _____

_____

_____

_____

_____

_____

☐ Zahn-Riemen **!**   ☐ Keilriemen **!**   ☐ Außenreinigung Politur   ☐ Unterboden-Kontrolle   ☐ Innenreinigung

Datum _____ Kilometerstand _____ ☐ **Reparatur**

SERVICEBERICHT

☐ **Inspektion**

☐ **Wartung**

☐ **Serviceumfang** ☐ **klein** ☐ **groß** ☐ **Zusatzarbeiten**
siehe oben

☐ **Motorenölwechsel Marke/Viskosität** _____

☐ **Ölfilterwechsel Marke** _____

☐ **Motorenölkontrolle** ☐ **i.O.** ☐ **nachgefüllt** _____

☐ **Getriebeöl** ☐ **i.O.** ☐ **gewechselt** _____

☐ **Zündkerzen** ☐ **Kontrolle i.O.** ☐ **ersetzt** _____

☐ **Glühkerzen** ☐ **Kontrolle i.O.** ☐ **ersetzt** _____

☐ **Bremsen** ☐ **Kontrolle i.O.** ☐ **instand gesetzt** ☐ **erneuert** _____

☐ **Bremsflüssigkeit** ☐ **Kontrolle i.O.** ☐ **ersetzt** _____

☐ **Kühlflüssigkeit** ☐ **Kontrolle i.O.** ☐ **ersetzt** _____

☐ **Sonstiges** _____

Nächster Service am _____

oder bei km _____

Unterschrift _____

Stempel

Zusatzarbeiten _____

_____

_____ Luftdruck ____ ____

_____

____ ____

- ☐ Smart Repair
- ☐ Klima-Service
- ☐ Update für Navigation
- ☐ Lichtkontrolle oder Wechsel
- ☐ Reifenservice Wuchten oder Spurvermessung

Karosserieinstandsetzung ☐ **mit Teilen** ☐ **ohne Teile**

Steinschläge/Dellen Wo?

_____

_____

_____

_____

_____

- ☐ Zahn-Riemen **!**
- ☐ Keilriemen **!**
- ☐ Außenreinigung Politur
- ☐ Unterboden-Kontrolle
- ☐ Innenreinigung

Datum _____ **Kilometerstand** _____ ☐ **Reparatur**

SERVICEBERICHT

☐ **Inspektion**

☐ **Wartung**

☐ Serviceumfang ☐ klein ☐ groß ☐ **Zusatzarbeiten** siehe oben

☐ Motorenölwechsel Marke/Viskosität _____

☐ Ölfilterwechsel Marke _____

☐ Motorenölkontrolle ☐ i.O. ☐ nachgefüllt _____

☐ Getriebeöl ☐ i.O. ☐ gewechselt _____

☐ Zündkerzen ☐ Kontrolle i.O. ☐ ersetzt _____

☐ Glühkerzen ☐ Kontrolle i.O. ☐ ersetzt _____

☐ Bremsen ☐ Kontrolle i.O. ☐ instand gesetzt ☐ erneuert _____

☐ Bremsflüssigkeit ☐ Kontrolle i.O. ☐ ersetzt _____

☐ Kühlflüssigkeit ☐ Kontrolle i.O. ☐ ersetzt _____

☐ Sonstiges _____

Nächster Service am _____

oder bei km _____

Stempel

Unterschrift _____

Zusatzarbeiten _____ Luftdruck ___

_____

_____

_____

☐ Smart Repair   ☐ Klima-Service   ☐ Update für Navigation   ☐ Lichtkontrolle oder Wechsel   ☐ Reifenservice Wuchten oder Spurvermessung

Karosserieinstandsetzung   ☐ **mit Teilen**   ☐ **ohne Teile**

Steinschläge/Dellen Wo?   _____

_____

_____

_____

_____

☐ Zahn-Riemen **!**   ☐ Keilriemen **!**   ☐ Außenreinigung Politur   ☐ Unterboden-Kontrolle   ☐ Innenreinigung

Datum _____ Kilometerstand _____ ☐ **Reparatur**

SERVICEBERICHT
☐ **Inspektion**
☐ **Wartung**

☐ **Serviceumfang** ☐ **klein** ☐ **groß** ☐ **Zusatzarbeiten** siehe oben

☐ **Motorenölwechsel Marke/Viskosität** _____

☐ **Ölfilterwechsel Marke** _____

☐ **Motorenölkontrolle** ☐ **i.O.** ☐ **nachgefüllt** _____

☐ **Getriebeöl** ☐ **i.O.** ☐ **gewechselt** _____

☐ **Zündkerzen** ☐ **Kontrolle i.O.** ☐ **ersetzt** _____

☐ **Glühkerzen** ☐ **Kontrolle i.O.** ☐ **ersetzt** _____

☐ **Bremsen** ☐ **Kontrolle i.O.** ☐ **instand gesetzt** ☐ **erneuert** _____

☐ **Bremsflüssigkeit** ☐ **Kontrolle i.O.** ☐ **ersetzt** _____

☐ **Kühlflüssigkeit** ☐ **Kontrolle i.O.** ☐ **ersetzt** _____

☐ **Sonstiges** _____

Nächster Service am _____

oder bei km _____

Unterschrift _____

Stempel

Zusatzarbeiten _____

_____ Luftdruck ____ ____

_____

_____

- ☐ Smart Repair
- ☐ Klima-Service
- ☐ Update für Navigation
- ☐ Lichtkontrolle oder Wechsel
- ☐ Reifenservice Wuchten oder Spurvermessung

Karosserieinstandsetzung ☐ **mit Teilen** ☐ **ohne Teile**

Steinschläge/Dellen Wo?

_____

_____

_____

_____

_____

_____

- ☐ Zahn-Riemen ❗
- ☐ Keilriemen ❗
- ☐ Außenreinigung Politur
- ☐ Unterboden-Kontrolle
- ☐ Innenreinigung

Datum _____ Kilometerstand _____ ☐ **Reparatur**
☐ **Inspektion**
SERVICEBERICHT ☐ **Wartung**
☐ **Serviceumfang** ☐ **klein** ☐ **groß** ☐ **Zusatzarbeiten**
siehe oben

☐ **Motorenölwechsel Marke/Viskosität** _____

☐ **Ölfilterwechsel Marke** _____

☐ **Motorenölkontrolle** ☐ **i.O.** ☐ **nachgefüllt** _____

☐ **Getriebeöl** ☐ **i.O.** ☐ **gewechselt** _____

☐ **Zündkerzen** ☐ **Kontrolle i.O.** ☐ **ersetzt** _____

☐ **Glühkerzen** ☐ **Kontrolle i.O.** ☐ **ersetzt** _____

☐ **Bremsen** ☐ **Kontrolle i.O.** ☐ **instand gesetzt** ☐ **erneuert** _____

☐ **Bremsflüssigkeit** ☐ **Kontrolle i.O.** ☐ **ersetzt** _____

☐ **Kühlflüssigkeit** ☐ **Kontrolle i.O.** ☐ **ersetzt** _____

☐ **Sonstiges** _____

Nächster Service am _____
oder bei km _____

Stempel

Unterschrift _____

Zusatzarbeiten _____

_____

_____

_____

Luftdruck ___ ___

___ ___

☐ Smart Repair   ☐ Klima-Service   ☐ Update für Navigation   ☐ Lichtkontrolle oder Wechsel   ☐ Reifenservice Wuchten oder Spurvermessung

Karosserieinstandsetzung   ☐ **mit Teilen**   ☐ **ohne Teile**

Steinschläge/Dellen
Wo?

_____

_____

_____

_____

_____

_____

☐ Zahn-Riemen **!**   ☐ Keilriemen **!**   ☐ Außenreinigung Politur   ☐ Unterboden-Kontrolle   ☐ Innenreinigung

Datum _____ Kilometerstand _____ ☐ **Reparatur**

SERVICEBERICHT
☐ **Inspektion**
☐ **Wartung**

☐ **Serviceumfang** ☐ **klein** ☐ **groß** ☐ **Zusatzarbeiten**
siehe oben

☐ **Motorenölwechsel Marke/Viskosität** _____

☐ **Ölfilterwechsel Marke** _____

☐ **Motorenölkontrolle** ☐ **i.O.** ☐ **nachgefüllt** _____

☐ **Getriebeöl** ☐ **i.O.** ☐ **gewechselt** _____

☐ **Zündkerzen** ☐ **Kontrolle i.O.** ☐ **ersetzt** _____

☐ **Glühkerzen** ☐ **Kontrolle i.O.** ☐ **ersetzt** _____

☐ **Bremsen** ☐ **Kontrolle i.O.** ☐ **instand gesetzt** ☐ **erneuert** _____

☐ **Bremsflüssigkeit** ☐ **Kontrolle i.O.** ☐ **ersetzt** _____

☐ **Kühlflüssigkeit** ☐ **Kontrolle i.O.** ☐ **ersetzt** _____

☐ **Sonstiges** _____

Nächster Service am _____
oder bei km _____

Stempel

Unterschrift _____

Zusatzarbeiten _____

_____ Luftdruck ____ ____

_____

_____

☐ Smart Repair   ☐ Klima-Service   ☐ Update für Navigation   ☐ Lichtkontrolle oder Wechsel   ☐ Reifenservice Wuchten oder Spurvermessung

Karosserieinstandsetzung ☐ **mit Teilen** ☐ **ohne Teile**

Steinschläge/Dellen Wo?   _____

_____

_____

_____

_____

☐ Zahn-Riemen **!**   ☐ Keilriemen **!**   ☐ Außenreinigung Politur   ☐ Unterboden-Kontrolle   ☐ Innenreinigung

Datum _____ Kilometerstand _____ ☐ **Reparatur**

SERVICEBERICHT
☐ **Inspektion**
☐ **Wartung**

☐ **Serviceumfang** ☐ **klein** ☐ **groß** ☐ **Zusatzarbeiten**
siehe oben

☐ **Motorenölwechsel Marke/Viskosität** _____

☐ **Ölfilterwechsel Marke** _____

☐ **Motorenölkontrolle** ☐ **i.O.** ☐ **nachgefüllt** _____

☐ **Getriebeöl** ☐ **i.O.** ☐ **gewechselt** _____

☐ **Zündkerzen** ☐ **Kontrolle i.O.** ☐ **ersetzt** _____

☐ **Glühkerzen** ☐ **Kontrolle i.O.** ☐ **ersetzt** _____

☐ **Bremsen** ☐ **Kontrolle i.O.** ☐ **instand gesetzt** ☐ **erneuert** _____

☐ **Bremsflüssigkeit** ☐ **Kontrolle i.O.** ☐ **ersetzt** _____

☐ **Kühlflüssigkeit** ☐ **Kontrolle i.O.** ☐ **ersetzt** _____

☐ **Sonstiges** _____

Nächster Service am _____
oder bei km _____

Stempel

Unterschrift _____

Zusatzarbeiten _____

_____ Luftdruck ___ ___

_____

_____

☐ Smart Repair   ☐ Klima-Service   ☐ Update für Navigation   ☐ Lichtkontrolle oder Wechsel   ☐ Reifenservice Wuchten oder Spurvermessung

Karosserieinstandsetzung   ☐ **mit Teilen**   ☐ **ohne Teile**

Steinschläge/Dellen Wo?   _____

_____

_____

_____

_____

☐ Zahn-Riemen **!**   ☐ Keilriemen **!**   ☐ Außenreinigung Politur   ☐ Unterboden-Kontrolle   ☐ Innenreinigung

Datum _____ **Kilometerstand** _____

☐ **Reparatur**
☐ **Inspektion**
☐ **Wartung**

SERVICEBERICHT

☐ **Serviceumfang** ☐ **klein** ☐ **groß** ☐ **Zusatzarbeiten**
siehe oben

☐ **Motorenölwechsel Marke/Viskosität** _____

☐ **Ölfilterwechsel Marke** _____

☐ **Motorenölkontrolle** ☐ **i.O.** ☐ **nachgefüllt** _____

☐ **Getriebeöl** ☐ **i.O.** ☐ **gewechselt** _____

☐ **Zündkerzen** ☐ **Kontrolle i.O.** ☐ **ersetzt** _____

☐ **Glühkerzen** ☐ **Kontrolle i.O.** ☐ **ersetzt** _____

☐ **Bremsen** ☐ **Kontrolle i.O.** ☐ **instand gesetzt** ☐ **erneuert** _____

☐ **Bremsflüssigkeit** ☐ **Kontrolle i.O.** ☐ **ersetzt** _____

☐ **Kühlflüssigkeit** ☐ **Kontrolle i.O.** ☐ **ersetzt** _____

☐ **Sonstiges** _____

Nächster Service am _____
oder bei km _____

Stempel

Unterschrift _____

Zusatzarbeiten _____ Luftdruck ___ ___

_____

_____

_____

☐ Smart Repair   ☐ Klima-Service   ☐ Update für Navigation   ☐ Lichtkontrolle oder Wechsel   ☐ Reifenservice Wuchten oder Spurvermessung

Karosserieinstandsetzung   ☐ **mit Teilen**   ☐ **ohne Teile**

Steinschläge/Dellen
Wo?   _____

                             _____

                             _____

_____

_____

☐ Zahn-Riemen **!**   ☐ Keilriemen **!**   ☐ Außenreinigung Politur   ☐ Unterboden-Kontrolle   ☐ Innenreinigung

Datum _____ Kilometerstand _____ ☐ **Reparatur**

SERVICEBERICHT
☐ **Inspektion**
☐ **Wartung**

☐ **Serviceumfang** ☐ klein ☐ groß ☐ **Zusatzarbeiten** siehe oben

☐ **Motorenölwechsel Marke/Viskosität** _____

☐ **Ölfilterwechsel Marke** _____

☐ **Motorenölkontrolle** ☐ i.O. ☐ nachgefüllt _____

☐ **Getriebeöl** ☐ i.O. ☐ gewechselt _____

☐ **Zündkerzen** ☐ Kontrolle i.O. ☐ ersetzt _____

☐ **Glühkerzen** ☐ Kontrolle i.O. ☐ ersetzt _____

☐ **Bremsen** ☐ Kontrolle i.O. ☐ instand gesetzt ☐ erneuert _____

☐ **Bremsflüssigkeit** ☐ Kontrolle i.O. ☐ ersetzt _____

☐ **Kühlflüssigkeit** ☐ Kontrolle i.O. ☐ ersetzt _____

☐ **Sonstiges** _____

Nächster Service am _____

oder bei km _____

Stempel

Unterschrift _____

Zusatzarbeiten _____ Luftdruck

_____

_____

_____

☐ Smart Repair   ☐ Klima-Service   ☐ Update für Navigation   ☐ Lichtkontrolle oder Wechsel   ☐ Reifenservice Wuchten oder Spurvermessung

Karosserieinstandsetzung   ☐ **mit Teilen**   ☐ **ohne Teile**

Steinschläge/Dellen Wo? _____

_____

_____

_____

_____

_____

☐ Zahn-Riemen **!**   ☐ Keilriemen **!**   ☐ Außenreinigung Politur   ☐ Unterboden-Kontrolle   ☐ Innenreinigung

Datum _____ Kilometerstand _____ ☐ **Reparatur**

SERVICEBERICHT
☐ **Inspektion**
☐ **Wartung**

☐ **Serviceumfang** ☐ **klein** ☐ **groß** ☐ **Zusatzarbeiten**
siehe oben

☐ **Motorenölwechsel Marke/Viskosität** _____

☐ **Ölfilterwechsel Marke** _____

☐ **Motorenölkontrolle** ☐ **i.O.** ☐ **nachgefüllt** _____

☐ **Getriebeöl** ☐ **i.O.** ☐ **gewechselt** _____

☐ **Zündkerzen** ☐ **Kontrolle i.O.** ☐ **ersetzt** _____

☐ **Glühkerzen** ☐ **Kontrolle i.O.** ☐ **ersetzt** _____

☐ **Bremsen** ☐ **Kontrolle i.O.** ☐ **instand gesetzt** ☐ **erneuert** _____

☐ **Bremsflüssigkeit** ☐ **Kontrolle i.O.** ☐ **ersetzt** _____

☐ **Kühlflüssigkeit** ☐ **Kontrolle i.O.** ☐ **ersetzt** _____

☐ **Sonstiges** _____

Nächster Service am _____

oder bei km _____

Stempel

Unterschrift _____

Zusatzarbeiten _____

_____ Luftdruck ___ ___

_____

_____

☐ Smart
   Repair   ☐ Klima-
                  Service   ☐ Update für
                                  Navigation   ☐ Lichtkontrolle
                                                     oder Wechsel   ☐ Reifenservice
                                                                          Wuchten oder
                                                                          Spurvermessung

Karosserieinstandsetzung   ☐ **mit Teilen**   ☐ **ohne Teile**

Steinschläge/Dellen
Wo?   _____

                                       _____

                                       _____

_____

_____

_____

☐ Zahn-
   Riemen **!**   ☐ Keilriemen **!**   ☐ Außenreinigung
                                          Politur   ☐ Unterboden-
                                                          Kontrolle   ☐ Innenreinigung

Datum _____ Kilometerstand _____ ☐ **Reparatur**
SERVICEBERICHT ☐ **Inspektion**
☐ Serviceumfang ☐ klein ☐ groß ☐ **Zusatzarbeiten** ☐ **Wartung**
siehe oben

☐ Motorenölwechsel Marke/Viskosität _____

☐ Ölfilterwechsel Marke _____

☐ Motorenölkontrolle ☐ i.O. ☐ nachgefüllt _____

☐ Getriebeöl ☐ i.O. ☐ gewechselt _____

☐ Zündkerzen ☐ Kontrolle i.O. ☐ ersetzt _____

☐ Glühkerzen ☐ Kontrolle i.O. ☐ ersetzt _____

☐ Bremsen ☐ Kontrolle i.O. ☐ instand gesetzt ☐ erneuert _____

☐ Bremsflüssigkeit ☐ Kontrolle i.O. ☐ ersetzt _____

☐ Kühlflüssigkeit ☐ Kontrolle i.O. ☐ ersetzt _____

☐ Sonstiges _____

Nächster Service am _____

oder bei km _____

Unterschrift _____

Stempel

Zusatzarbeiten _____

_____

Luftdruck

_____

_____

☐ Smart Repair   ☐ Klima-Service   ☐ Update für Navigation   ☐ Lichtkontrolle oder Wechsel   ☐ Reifenservice Wuchten oder Spurvermessung

Karosserieinstandsetzung   ☐ **mit Teilen**   ☐ **ohne Teile**

Steinschläge/Dellen Wo?

_____

_____

_____

_____

_____

☐ Zahn-Riemen **!**   ☐ Keilriemen **!**   ☐ Außenreinigung Politur   ☐ Unterboden-Kontrolle   ☐ Innenreinigung

Datum _____ **Kilometerstand** _____ ☐ **Reparatur**
☐ **Inspektion**

SERVICEBERICHT

☐ **Wartung**

☐ **Serviceumfang** ☐ **klein** ☐ **groß** ☐ **Zusatzarbeiten**
siehe oben

☐ **Motorenölwechsel Marke/Viskosität** _____

☐ **Ölfilterwechsel Marke** _____

☐ **Motorenölkontrolle** ☐ **i.O.** ☐ **nachgefüllt** _____

☐ **Getriebeöl** ☐ **i.O.** ☐ **gewechselt** _____

☐ **Zündkerzen** ☐ **Kontrolle i.O.** ☐ **ersetzt** _____

☐ **Glühkerzen** ☐ **Kontrolle i.O.** ☐ **ersetzt** _____

☐ **Bremsen** ☐ **Kontrolle i.O.** ☐ **instand gesetzt** ☐ **erneuert** _____

☐ **Bremsflüssigkeit** ☐ **Kontrolle i.O.** ☐ **ersetzt** _____

☐ **Kühlflüssigkeit** ☐ **Kontrolle i.O.** ☐ **ersetzt** _____

☐ **Sonstiges** _____

Nächster Service am _____

oder bei km _____

Stempel

Unterschrift _____

Regelmäßige Kontrollen

Reifen-Luftdruck in bar:

VL: VR: HR: HL: Reserverad:

Reifen auf Beschädigung prüfen: Sichtprüfung i.O. ☐   **Fühlprüfung i.O.** ☐

Kraftstoffverbrauch: getankte Liter x 100 : gefahrene Kilometer = Verbrauch
Beispiel: 35 Liter x 100 : 600 km = 5,83 Liter auf 100 km

___ Liter x 100 : ___ km = ___ Liter auf 100 km

Hupe i.O. ☐   Lichthupe i.O. ☐   Warnblinker i.O. ☐
Blinker i.O. ☐   Konntrollleuchten i.O. ☐   Innenbeleuchtung i.O. ☐
Frontbeleuchtung: Standlicht i.O. ☐   Abblendlicht i.O. ☐
                    Fernlicht i.O. ☐   Nebelscheinwerfer i.O. ☐
                    Tagfahrlicht i.O. ☐

Scheibenwischer vorne i.O. ☐   hinten i.O. ☐
Scheibenwaschanlage vorne i.O. ☐   hinten i.O. ☐

Steinschlagprüfung i.O. ☐   nicht i.O. ☐   wo?